AF335309

Me Pregunto Por Qué

Suena el teléfono

y otras preguntas sobre la comunicación

Richard Mead

EDITORIAL EVEREST, S. A.

Madrid • León • Barcelona • Sevilla • Granada • Valencia
Zaragoza • Las Palmas de Gran Canaria • La Coruña
Palma de Mallorca • Alicante • México • Lisboa

Título original: *I Wonder Why The Telephone Rings and Other Questions about Communication*
Traducción: Marisa Rodríguez Pérez
Responsable de la colección: Clare Oliver
Diseñador de la colección: David West Children´s Books
Autor: Richard Mead
Asesor editorial: Eryl Davis
Responsable artístico: Christina Fraser
Documentalista gráfico: Amanda Francis
Diseño de cubierta: Alfredo Anievas
Gracias a: Dr. Peter Narins, Universidad de California
Ilustraciones: Susanna Addario 22-23; Peter Dennis (Linda Rogers) 18-19; Chris Forsey 14-15, 23 a.d., 30-31; Terry Gabbey (AFA Ltd) 16-17; Christian Hook 24-25, 28-29; Biz Hull (Artist Partners) cubierta, 4-5, 6-7; Tony Kenyon (BL Kearley) todas las viñetas; Nicki Palin 8-9, 10-11, 12-13; Mike saunders 26-27; Ian Thompson cubierta a.m., 26 a.m.; David Wright (Kathy Jakeman) 20-21.

No está permitida la reproducción total o parcial de este libro, ni su tratamiento informático, ni la transmisión de ninguna forma o por cualquier medio, ya sea electrónico, mecánico, por fotocopia, por registro u otros métodos, sin el permiso previo y por escrito de los titulares del Copyright.
Reservados todos los derechos, incluido el derecho de venta, alquiler, préstamo o cualquier otra forma de cesión del uso del ejemplar.

© Larousse plc y EDITORIAL EVEREST, S. A.
Carretera León-La Coruña, km 5 - LEÓN
ISBN: 84-241-2177-5 (Colección completa)
ISBN: 84-241-1964-9
Depósito legal: LE. 90-1997
Printed in Spain - Impreso en España

EDITORIAL EVERGRÁFICAS, S. L.
Carretera León-La Coruña, km 5
LEÓN (España)

CONTENIDOS

¡UGH!
¡UH!

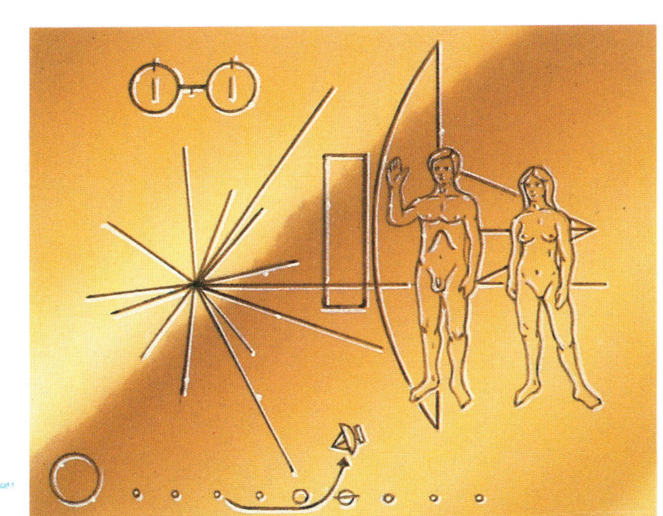

¿Por qué nos comunicamos?

La comunicación es un intercambio de información. Si no compartieramos los descubrimientos, tendríamos que aprender todo desde cero. No habría manera de saber, por ejemplo, que el fuego quema hasta que nos hubieramos herido. Ni tampoco tendríamos libros favoritos. Y lo más importante, compartir nuestros sentimientos y tener amigos nos hace la vida más agradable.

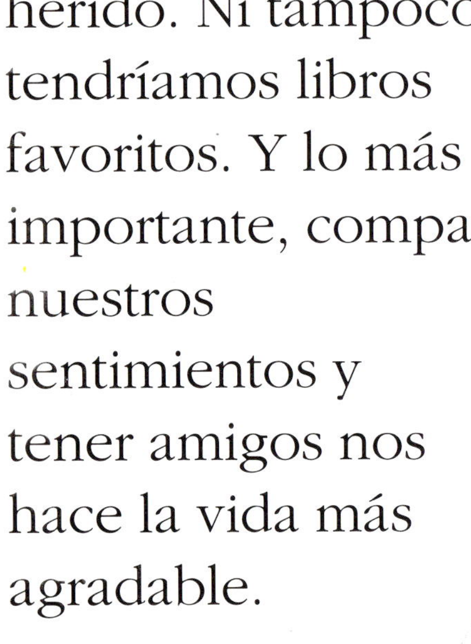

• Incluso antes de saber hablar, podemos comunicar nuestros deseos y necesidades.

• Las ilustraciones son un modo excelente de mostrar información. Todos pueden entenderlas aunque no sepan leer o no conozcan el idioma.

¿Cómo nos comunicamos?

Cuando estamos con alguien, utilizamos la voz y el cuerpo para comunicarnos. Cuando alguien está a mucha distancia, podemos entrar en contacto por teléfono o enviar una carta.

Podemos incluso comunicarnos con personas a las que no conocemos, gracias a los libros y a los programas de televisión.

• Enterrar una cápsula del tiempo es una forma de comunicarnos a través de los siglos. Con suerte, ayudará a las personas del futuro a obtener una imagen del pasado. ¿Qué enterrarías para mostrar cómo es tu vida?

• No poder comunicarse es algo terrible. Es el castigo que reciben muchos prisioneros: quedar incomunicados en una celda.

¿Qué nos comunican los sentidos?

Los sentidos nos proporcionan información sobre nuestro mundo. El gusto, el tacto y el olfato funcionan a corta distancia, mientras que la vista y el oído nos permiten conocer lo que ocurre más lejos.

- A veces los ojos no bastan para descubrir dónde están las cosas. Entonces debemos usar los otros sentidos, como el tacto o el oído.

- Cuando nos hacemos daño, las terminaciones nerviosas de la piel envían mensajes al cerebro. La sensación de dolor nos enseña a evitar la acción que lo provocó.

¿Cómo se habla con las manos?

El lenguaje de signos es una forma de comunicación útil para aquellos que no pueden hablar u oír. Cada letra tiene un signo, pero no resulta necesario deletrear la mayoría de las palabras: las más usadas tienen su propio signo.

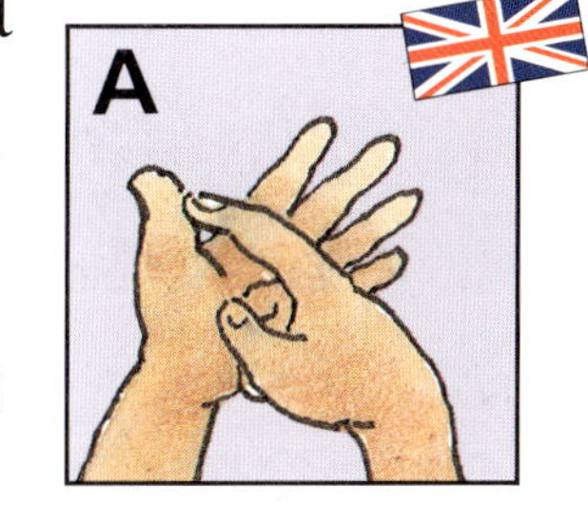

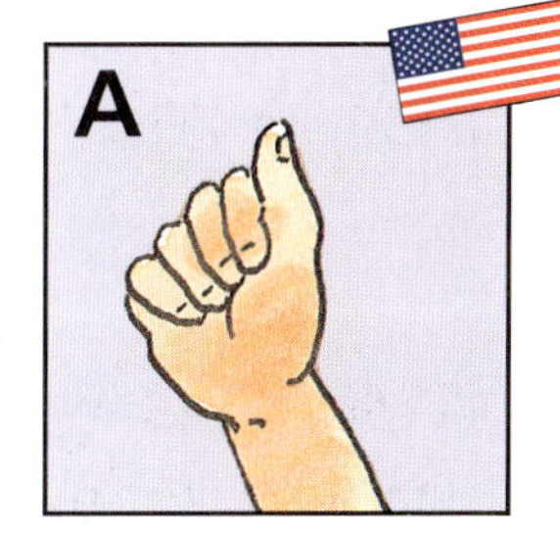

- Las personas ciegas necesitan que alguien se convierta en sus ojos. Se requieren dos años para entrenar a un perro guía, pero éste permanecerá junto a su amo de por vida.

- Hay varios lenguajes de signos. Los signos americanos se suelen hacer con una sola mano, mientras que en Gran Bretaña y en el resto de Europa emplean las dos.

¿Cuándo es sabia la nariz?

La nariz puede ser muy útil en situaciones peligrosas. Tal vez no podamos ver u oír un escape de gas, pero sí podemos olerlo. La nariz también nos impide comer alimentos podridos: prueba a oler un cartón de leche caducada.

¿Cómo habla el cuerpo?

No hace falta hablar para que nos entiendan: podemos utilizar el cuerpo. Imagina todas las distintas formas de decir hola a alguien.

Dependiendo del lugar del mundo en que estemos, podemos saludar, dar la mano, besar la mejilla, inclinar la cabeza, dar un abrazo, chocar «esos cinco», frotar las narices o hacer una reverencia.

¿Es «nada» maleducado?

En Francia, si formas un círculo con el índice y el pulgar significa «nada», o que algo carece de valor. Pero si haces el mismo gesto en Oriente Medio, estarías diciendo a alguien que te deje en paz de forma poco educada. En Japón, representa dinero, y en EE UU lo emplean para decir OK.

• Cuando mentimos,
tendemos a tocarnos la cara.
Es como si intentáramos
retener la
mentira en la
boca.

• Pero si estás hablando a
gusto con alguien, la tendencia
es a imitar sus movimientos.

• Solemos cruzar los brazos
cuando nos sentimos
nerviosos, formando una
barrera de protección.

• Es posible saludar con
el cuerpo. En Japón, es
educado decir hola
haciendo una
reverencia con el tronco
mientras se mantienen
los pies juntos.

¿Hablan los animales como nosotros?

Casi todos los animales tienen voz, pero ninguna está tan desarrollada como la voz humana. Nuestras cuerdas vocales, lengua, labios, dientes y nariz nos permiten realizar miles de sonidos diferentes. Los científicos han intentado enseñar a hablar a los simios, pero tan sólo lograron imitar algunas palabras sencillas, como los papagayos.

Los delfines pueden hacer muchos sonidos, que incluyen chillidos y gañidos. Si un delfín está en peligro, emite un silbido especial. Los otros delfines conocen el sonido y acudirán en su ayuda.

¿Por qué ronronea el gato?

Los gatos no pueden hablar, pero pueden comunicarnos sus sentimientos. Cuando los gatos ronronean, sabemos que están contentos. A veces también ronronean cuando están heridos, para consolarse.

¿Quién taconea con los pies?

La selva tropical puede ser un lugar muy ruidoso, por lo que las ranas arbóreas malayas no croan para comunicarse. Las hembras golpean sus dedos sobre las hojas. Un humano no podría oír esta vibración, pero sí las ranas macho, que acuden en respuesta a su llamada.

• Los antílopes macho frotan la cara sobre las plantas y dejan un mensaje oloroso. Dice «Mantente alejado».

• La luciérnaga enciende y apaga su luz como un faro para enviar mensajes a otras luciérnagas. Algunas brillan tanto que se podría leer un libro con su luz.

¿Quién narraba con dibujos?

Hace más de 20 000 años, los seres humanos de la prehistoria pintaban dibujos en las paredes de las cuevas para narrar historias, como la de una caza. Estas pinturas nos dan información valiosa: sabemos que ellos podían hacer pintura a partir de tierra, carbón y plantas.

¿Qué nos enseña una ventana?

Las vidrieras son ventanas decoradas utilizadas en las iglesias para mostrar escenas de la Biblia. Hace mucho, muy pocas personas sabían leer, pero podían mirar los dibujos y aprender una historia, como la de Noé y el diluvio universal.

¿Cómo surgieron los escudos de armas?

Cuando los caballeros comenzaron a llevar yelmo, era imposible saber quién era quién, sobre todo en plena batalla. Por eso, cada caballero tenía un escudo de armas: un diseño que decoraba su escudo, lanza e incluso su caballo. Esto aseguraba que nadie de su bando le confundiera con el enemigo.

¿Qué es una lengua muerta?

Una lengua muerta es una que ya no se habla. Hace dos mil años, los romanos hablaban latín. Decimos que está muerta porque, aunque todavía se enseña en los colegios, en la actualidad no es la lengua nativa de nadie.

¿Quién decidió hablar?

Desconocemos cómo o cuándo el hombre habló por primera vez. Tal vez comenzara imitando los sonidos de su entorno, como el silbido del viento. Probablemente, una de las primeras palabras significara «ataque». Al comunicarse con palabras, los humanos podían ayudarse con más facilidad.

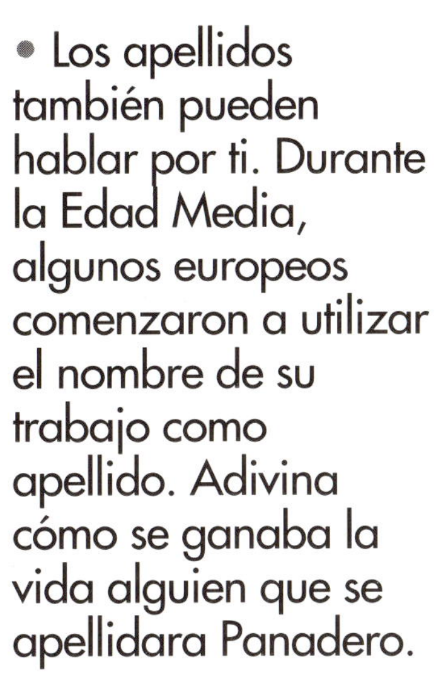

- Los apellidos también pueden hablar por ti. Durante la Edad Media, algunos europeos comenzaron a utilizar el nombre de su trabajo como apellido. Adivina cómo se ganaba la vida alguien que se apellidara Panadero.

- La vida sería mucho más sencilla si todos habláramos el mismo idioma. Cientos de personas han intentado inventar una lengua común. El esperanto es la de mayor aceptación: más de 100 000 personas la emplean.

¿Cambian las lenguas?

Continuamente se crean nuevas palabras. Piensa en todos los nuevos descubrimientos realizados en los últimos siglos. La exploración espacial, por ejemplo, ha obligado a inventar términos como nave espacial, despegue y astronauta.

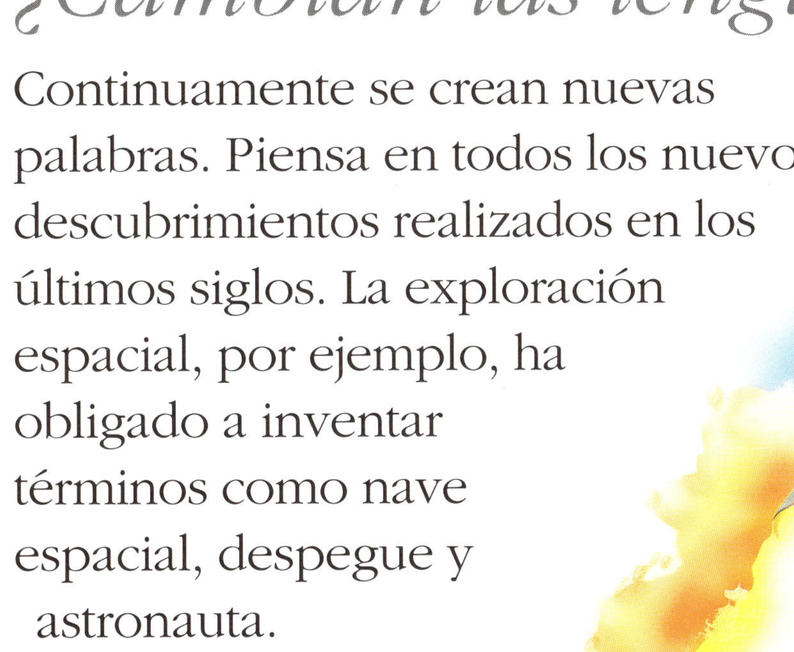

- Un sintetizador de voz es una máquina especial para las personas que no pueden hablar. Tecleas las palabras que quieres decir y el sintetizador las pronuncia en voz alta.

15

¿Cuándo comenzó la escritura?

Hace más de 5 000 años, los sumerios inventaron el primer sistema de escritura real, basado en pequeños dibujos llamados pictogramas que representaban objetos e ideas. Pronto desarrollaron pictogramas equivalentes a sonidos, lo que permitía escribir las palabras que se pudieran pronunciar.

¿Quién escribía en plantas?

¡Los antiguos egipcios! Empleaban tallos de papiro, una planta que crecía a orillas del río Nilo. Cortaban los tallos en tiras finas, que presionaban hasta obtener hojas. La palabra papel procede de «papiro».

¿Quién utilizaba un código secreto?

Los vikingos escribían en runas, caracteres basados en líneas rectas. La palabra runa significa «secreto». Hace 1 000 años, muy pocos sabían leer o escribir. Algunos incluso creían que todo aquel que pudiera comprender las runas debía tener poderes mágicos.

¿Eran de locos las máquinas de escribir?

A veces nos asustan los inventos nuevos. En 1874, cuando se puso a la venta la primera máquina de escribir, algunos doctores dijeron que su uso podía causar locura.

¿Cómo viajan las cartas?

Las cartas que echamos al buzón viajan hasta la oficina de correos más cercana, donde se clasifican y se meten en sacas junto al correo dirigido al mismo lugar. Las sacas se envían a la oficina de correos más cercana al punto de destino. Desde allí, se reparten a domicilio.

- En los lugares remotos, el correo llega en avión una vez a la semana.

- Buffalo Bill fue uno de los jinetes de una compañía llamada Pony Express. En 1860 comenzaron a repartir correo a gran velocidad por todo EE UU. Un año después, la invención del telegrama puso fin a la época del Pony Express.

• Las palomas mensajeras
han llevado mensajes
durante miles de años. Incluso
las usaban los antiguos egipcios.

¿Cuándo era malo
tener amigos?

Hace mucho, el destinatario de una carta o paquete debía pagar a la persona que lo entregaba: una costumbre bastante cara si eras alguien popular. En 1840, Rowland Hill desarrolló el sistema postal actual.

Desde entonces, el remitente era quien debía pagar.

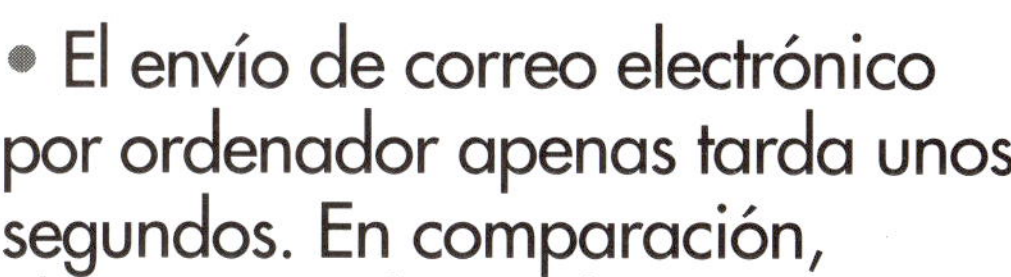

• El envío de correo electrónico por ordenador apenas tarda unos segundos. En comparación, el correo tradicional va a paso de caracol.

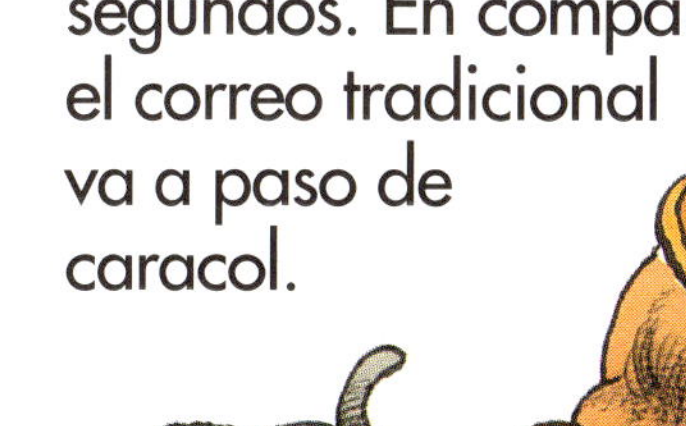

• Hace 2 500 años, el rey Jerjes de Persia estableció una cadena de torretas, desde donde transmitir los mensajes a gritos. Era más rápido que enviar un mensajero a caballo, aunque no demasiado útil si el viento soplaba en la dirección contraria.

¿Cómo se imprimen las ilustraciones?

Todos los dibujos de este libro se imprimieron empleando sólo cuatro colores: negro, amarillo, magenta y cian. El magenta es un tipo de rojo y el cian es azul. Mientras el papel pasa por la impresora, los colores se añaden uno a uno para formar los tonos.

• En 1450, Johannes Gutenberg inventó una imprenta con letras metálicas individuales. Las letras se podían mover y utilizarse una y otra vez. Hasta entonces, los libros se copiaban a mano: un método mucho más lento.

• Si miras con una lupa, verás que los colores se componen de puntitos negros, amarillos, cian y magenta que, superpuestos, se mezclan de forma uniforme.

Los carteles sirven para anunciar, avisar a la gente o pedir ayuda.

¿Cómo se hace un periódico?

¡Con ayuda de muchas personas! Los reporteros y fotógrafos van al lugar del suceso para escribir la historia y hacer fotografías. El editor decide qué artículos aparecerán en el periódico. Los diseñadores combinan y maquetan el texto y las imágenes en el ordenador. Por último, una máquina imprime y dobla las páginas.

Fotógrafo **Historia** **Reportero** **Editor** **Diseñador** **Impresor**

¿Por qué suena el teléfono?

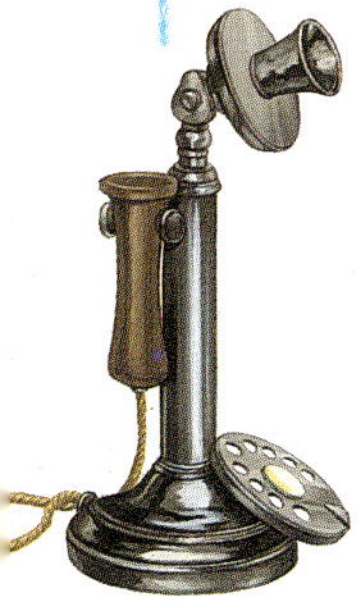

El teléfono suena para avisarnos de que alguien desea hablar con nosotros. Así, si un amigo marca tu número, tu teléfono sonará. Al contestar, una corriente eléctrica transporta la voz por la línea, permitiendo que el sonido se oiga alto y claro al otro lado.

• En la actualidad, las llamadas de casi todos los telefonos se conectan de forma automática por ordenador.

• Las llamadas de teléfono solían conectarse de forma manual. Una operadora preguntaba el número y conectaba el cable adecuado.

¿Hay autopistas de vidrio?

Las fibras ópticas son hilos de vidrio microscópico enrollados en un cable. Van bajo los océanos y actúan como autopistas para todo: desde llamadas de teléfono a programas de televisión. La información viaja por ellas a la velocidad de la luz.

● Hay teléfonos de todas las formas y tamaños, desde portátiles hasta personajes de comic. Sean como sean, todos tienen dos partes: el micrófono por donde hablamos y el receptor por donde se escucha.

¿Qué lleva la línea telefónica?

Las voces no son lo único que viaja por una línea telefónica. El videoteléfono nos permite ver la imagen de la persona que llama. El fax hace posible el envío de cartas, fotos y dibujos. También los ordenadores utilizan las líneas telefónicas para comunicarse.

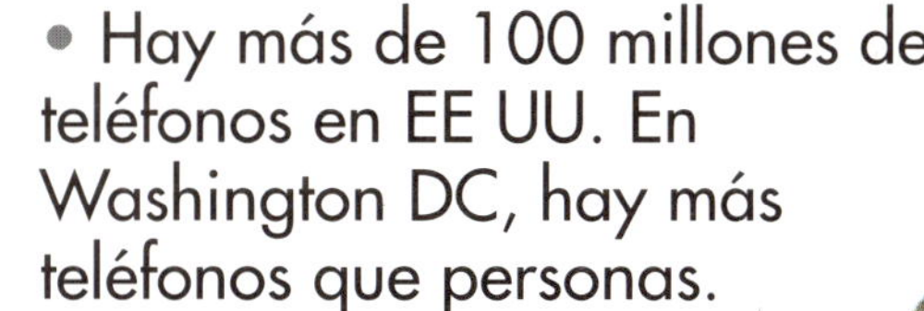

● Hay más de 100 millones de teléfonos en EE UU. En Washington DC, hay más teléfonos que personas.

¿Cómo funciona un CD?

La parte inferior de un CD puede parecer lisa, pero está cubierta de millones de pequeños baches. Cuando el CD gira dentro del equipo de música, un rayo láser ilumina los bultitos. El rayo «lee» el diseño como si fuera un código, y envía un mensaje a los altavoces diciéndoles exáctamente qué sonidos hacer.

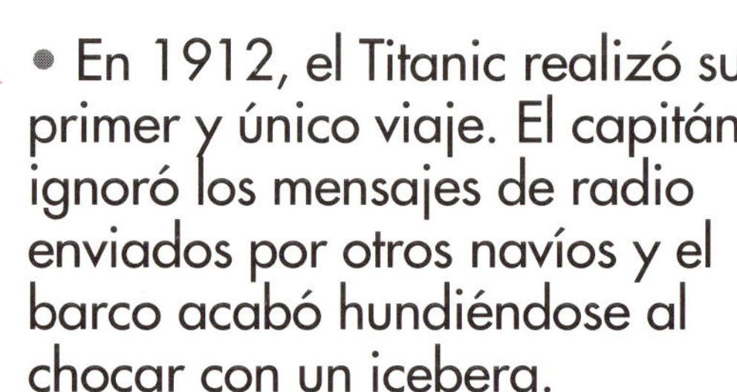

• En 1912, el Titanic realizó su primer y único viaje. El capitán ignoró los mensajes de radio enviados por otros navíos y el barco acabó hundiéndose al chocar con un iceberg.

• Thomas Edison inventó el primer fonógrafo: lo que hoy conocemos como tocadiscos.

¿Quién envió la primera señal de radio?

Guglielmo Marconi construyó el primer aparato de radio que envió mensajes utilizando ondas de radio. Sin embargo, él no demostró la existencia de las ondas; el artífice sería el científico Heinrich Hertz.

• Guglielmo Marconi construyó una máquina que generaba ondas de radio al producir una chispa.

• Cuando un grupo toca en un estudio, el ingeniero graba los instrumentos por separado. El productor los mezcla después para hacer las canciones.

¿Qué es la comunicación vía satélite?

Los satélites son naves espaciales que nos ayudan a comunicarnos a gran distancia. Envían señales de radio, televisión, teléfono u ordenador de un país a otro en una fracción de segundo. Toman las señales de las gigantescas antenas parabólicas de las estaciones terrestres y las envían a otras antenas.

Caja protectora

Una caja protege del calor solar las delicadas piezas del satélite de comunicaciones.

Panel solar

Los satélites de comunicaciones, llamados COMSAT, van provistos de paneles solares que transforman la energía del Sol en electricidad.

• Las sondas espaciales Pioneer I y II llevaban un dibujo de un hombre y una mujer, y un mapa con la ubicación de la Tierra en el Sistema Solar.

- El telescopio Hubble, lanzado al espacio por el Space Shuttle, envía fotografías a la Tierra y nos muestra las estrellas cuya luz ha tardado diez billones de años en llegar hasta nosotros.

¿Intentan comunicarse los extraterrestres?

No tenemos pruebas de la existencia de extraterrestres. Entre tanto, los enormes radiotelescopios recogen ondas de radio del espacio por si hubiera alguno intentando contactar con nosotros. Hasta ahora no ha habido ninguna emisión extraterrestre.

Antenas
Los COMSAT tienen varias antenas parabólicas, orientadas hacia estaciones terrestres u otros satélites. De este modo, pueden enviar y recibir muchos tipos de señales.

¿Cómo se emiten las noticias?

Los periodistas pueden enviar palabras e imágenes a la redacción desde lugares remotos. Utilizan un transmisor vía satélite portátil para proyectar su reportaje a un satélite de comunicaciones, que lo envía a la cadena de televisión. Podemos ver lo que ocurre en apenas un segundo.

• Las cadenas de televisión tienen periodistas a la espera en todos los rincones del planeta. Así, siempre hay alguien listo para informar en cuanto ocurre una noticia.

¿Quién puso sonido a las películas mudas?

Las primeras películas no tenían sonido. Un pianista tocaba durante la proyección. El primer largometraje sonoro fue *El cantor de jazz*, de1927. Fue todo un éxito y las películas mudas pronto desaparecieron.

• En el futuro, los televisores tendrán pantallas de cristal líquido. Las teles podrían ser tan finas como un cuadro.

• Puedes hacer tu propia película con una cámara de vídeo. También puedes enviar mensajes en vídeo a los amigos que viven lejos.

• Tal vez hayas visto cámaras de seguridad en algunas tiendas o edificios. Si ocurre algún delito, la policía puede ver la película y averiguar qué sucedió.

¿Qué es la realidad virtual?

• Los arquitectos utilizan la realidad virtual para caminar por el interior de un edificio… antes de haberlo construido.

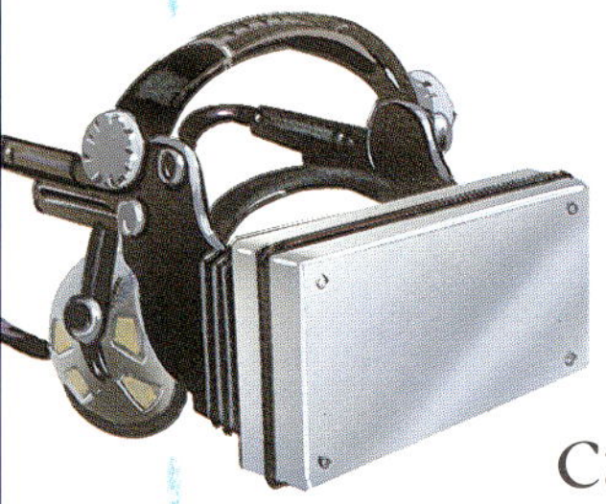

Los cascos de realidad virtual nos permiten explorar un castillo fantasmagórico o viajar por el espacio. El ordenador crea una simulación de lugares y situaciones diferentes. Pero la realidad virtual también puede emplearse para enseñar a conducir o ayudar a los estudiantes de medicina a operar sin poner en peligro la vida de nadie.

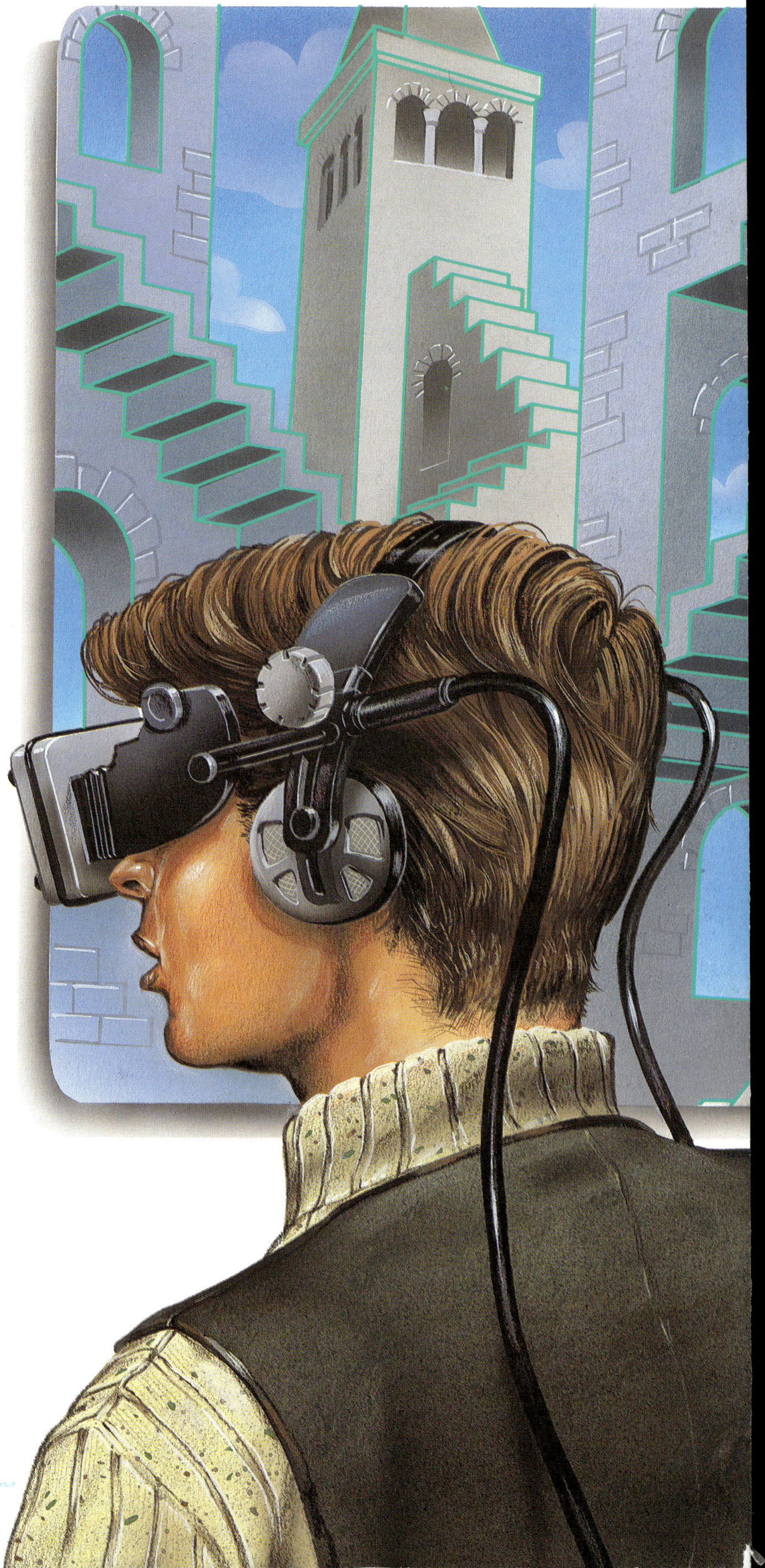

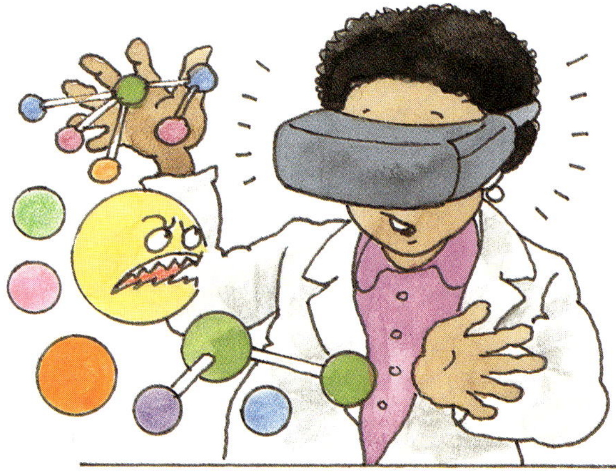

• Los cascos de realidad virtual se emplean en la fabricación de medicinas. Hacen que los átomos aparezcan como bolas de color, que los científicos combinan hasta dar con la combinación idónea.

• Incluso podemos ir de compras en el ordenador. Tan sólo hay que elegir los artículos en la pantalla, facilitar un número de cuenta bancaria y ¡ya está!

¿Por qué usamos ordenadores?

Los ordenadores pueden almacenar millones de veces más información que nosotros. Además, nos permiten intercambiar información. Con la ayuda de un aparatito llamado modem, el ordenador puede conectarse con otro por vía telefónica. La red se llama Internet y los usuarios dicen que hacen surf en ella.

• Internet es una creación del gobierno de EE UU, que buscaba un medio de comunicación seguro en tiempos de guerra. La destrucción de un ordenador en conexión, no afecta al resto de la red.

Índice